BEI GRIN MACHT SICH IHR WISSEN BEZAHLT

- Wir veröffentlichen Ihre Hausarbeit,
  Bachelor- und Masterarbeit

- Ihr eigenes eBook und Buch -
  weltweit in allen wichtigen Shops

- Verdienen Sie an jedem Verkauf

Jetzt bei www.GRIN.com hochladen
und kostenlos publizieren

Anschlusskommunikation als soziales Nutzungsmotiv bei der Netflix Serie "Haus des Geldes (Money Heist)"

Till Uphoff

Bibliografische Information der Deutschen Nationalbibliothek:

Die Deutsche Nationalbibliothek verzeichnet diese Publikation in der
Deutschen Nationalbibliografie; detaillierte bibliografische Daten sind
im Internet über http://dnb.d-nb.de abrufbar.

ISBN: 9783346409591
Dieses Buch ist auch als E-Book erhältlich.

Druck und Bindung: Books on Demand GmbH, Norderstedt Germany
Gedruckt auf säurefreiem Papier aus verantwortungsvollen Quellen

Das vorliegende Werk wurde sorgfältig erarbeitet. Dennoch
übernehmen Autoren und Verlag für die Richtigkeit von Angaben,
Hinweisen, Links und Ratschlägen sowie eventuelle Druckfehler keine
Haftung.

Das Buch bei GRIN: https://www.grin.com/document/1003180

Anschlusskommunikation als soziales Nutzungsmotiv bei der Netflix Serie „Haus des Geldes (Money Heist)"

Studienarbeit

Fachbereich: Medien

Studiengang: Medienpsychologie

Modul: Methoden der Mediennutzungs-

und Medienwirkungsforschung

Vorgelegt von: **Till Uphoff**

Inhaltsverzeichnis

1 Einleitung

Die Forschungsfrage, die in dieser Arbeit thematisiert wird, lautet wie folgt: „Ist Anschlusskommunikation ein wichtiges Nutzungsmotiv bei Zuschauern der Netflix Serie „Haus des Geldes (Money Heist)"? Um die Forschungsfrage zu beantworten, wird zunächst ein Leitfadeninterview durchgeführt. Auf der Basis dieses Leitfadeninterviews wird darauf eine quantitative Befragung mittels eines standardisierten Fragebogens erstellt. Dieser Fragenbogen durchläuft im Anschluss einen Pretest. Zuletzt wird der Fragebogen gemäß den Ergebnissen des Pretests angepasst. Die Zielgruppe sind junge Erwachsene im Alter von 18-24 Jahren.[1]

---

[1] Aus Gründen der besseren Lesbarkeit wird auf die gleichzeitige Verwendung personenspezifischer Sprachformen verzichtet. Sämtliche Personenbezeichnungen gelten gleichwohl für jedes Geschlecht.

2 Methodisches Vorgehen

Um die Forschungsfrage zu beantworten, muss zunächst ein geeignetes Forschungsdesign festgelegt werden. Ab Mitte des 20. Jahrhunderts gab es mehrfach Einwände, dass bei Studien oftmals zu oberflächlich und zu vorschnell quantifizierend vorgegangen wird und latente Sinnstrukturen dadurch nicht erfasst werden können. Deshalb entwickelte sich ein Trend zu qualitativen Methoden, bzw. Integration/Kombination quantitativer und qualitativer Ansätze. Diese Kombination wird als „Mixed Methods" bezeichnet (vgl. Mayring 2003:S.21). So können beispielsweise die Ergebnisse einer qualitativen Vorstudie in Form eines Interviews mit ausgewählten Personen Hilfsmittel für eine quantitative Studie in Form eines standardisierten Fragebogens sein. Bei der qualitativen Vorstudie wird versucht, detaillierte Einsichten zum Thema zu erlangen. In der darauf folgenden quantitativen Studie liegt der Fokus auf der Befragung einer großen Zahl von Teilnehmern, um eine statistische Auswertung der Daten zu ermöglichen. Ziel dieses Vorgehens soll sein, von den Vorteilen beider Methoden zu profitieren (vgl. Kelle 2019: S 78).

2.1 Leitfadeninterview als qualitative Forschungsmethode

Bei dem sogenannten qualitativen Leitfadeninterview wird von dem qualitativen Forschungsansatz Gebrauch gemacht. Ein entscheidender Vorteil gegenüber der quantitativen Forschungsmethode besteht darin, dass das Interview offen geführt wird und der Interviewende somit die Möglichkeit hat, Informationen zu gewinnen, die in der standardisierten Befragung auf der Strecke geblieben wären. Der qualitativ-verstehende Ansatz versucht Gegenstände, Zusammenhänge und Prozesse nicht nur zu analysieren, sondern sich in sie hineinzuversetzen, sie nachzuerleben oder sie zumindest nacherlebend sich vorstellen zu können (vgl. Mayring 2003: 17). Das qualitative Interview wird meist face-to-face durchgeführt, weshalb es auch meist mit hohen Kosten und höherem Aufwand verbunden ist. Ein face-to-face Interview bietet dafür die Möglichkeit, die verwendete Mimik und Gestik des Befragten wahrzunehmen. Bei dem Interview werden bestimmte ausgewählte Personen befragt, um detaillierte Einsichten zum Thema zu erlangen. Aus den Ergebnissen des Interviews können dann beispielsweise Personas erstellt werden. Das typische Vorgehen eines qualitativen Interviews gestaltet sich dabei wie folgt: Zuerst wird ein Leitfaden entwickelt, der den Interviewenden dabei helfen soll, eine grobe Struktur während des Gespräches beizubehalten. Der Leitfaden beinhaltet alle Themenbereiche des Interviews und die dazugehörig notierten Fragen. Nachdem dann der geeignete Gesprächspartner ermittelt wurde, beginnt die Interviewführung und die Aufzeichnung des Gespräches. Meist geschieht dies durch einen Audiorekorder oder mithilfe eines anderen Mediums, welches in der Lage ist, Tonspuren aufzuzeichnen. Anschließend wird die Aufzeichnung transkribiert. Für die Transkription gibt es verschiedene gesprächsanalytische Transkriptionssysteme; bei dieser wissenschaftlichen Arbeit wird das sogenannte GAT-System verwendet. Dessen Transkript besteht aus drei Spalten. Die erste Spalte bildet eine durchlaufende Zeilennummer ab, die zweite Spalte beinhaltet die Sigle der Gesprächsteilnehmer. In der letzten und größten Spalte werden die Äußerungen der Sprecher notiert, dabei erhält jeder Sprecher eine neue eigene Zeile. Bei der Transkription können eine Vielzahl von Transkriptionsregeln beachtet werden. Welche Regeln beachtet werden oder nicht, entscheidet der Forschende. Wichtig ist nur, dass dem Transkript alle für die Forschungsfrage notwendigen Informationen entnehmbar sind (vgl. Dresing, Pehl 2020).

2.2 Fragebogen als quantitative Forschungsmethode

Quantitative Forschung ermöglicht eine intersubjektive Beschreibung von komplexen Strukturen, indem sie bestimmte soziale Gegebenheiten messbar macht und einer statistischen Analyse zuführt. Quantitative Forschung sieht vor allem als Aufgabe, Hypothesen über bestimmte Zusammenhänge anhand verschiedener Variablen an der Realität zu überprüfen. Dazu ist es notwendig, dass der Forschende (Subjekt!) die Hypothesen operationalisiert, also in messbare Dimensionen umwandelt, um sie dann anschließend in Form von Zahlen einer weiteren mathematischen Analyse zuführt. Während qualitativ orientierte Forschung Eigenschaften und Merkmale möglichst genau, differenziert und gegenstandsnah erfassen möchte, liegt der Fokus der quantitativen Forschung auf „Messen, Zählen und Wiegen" (vgl. Raithel 2008: S.8). Grundsätzlich ist die Untersuchung der gesamten Population schwer bis gar nicht realisierbar, weshalb stattdessen Teilmengen, also sogenannte Stichproben untersucht werden. Solche Stichproben unterliegen dabei mehreren Anforderungen, damit aus dem Ergebnis der Teilerhebung auf die Gesamtheit der Population geschlossen werden kann. Einer dieser

Anforderungen ist die Größe der Stichproben. Je größer die untersuchte Stichprobe, desto mehr wird die Gesamtheit der (Achte auf die Form, bzw. die Formalia. Absatz weg!)

Population in den Forschungsergebnissen abgebildet. Ein weiterer Unterschied zur qualitativen Forschung ist also auch, dass hier nicht nur eine Person untersucht wird, sondern eine Vielzahl an Personen. Des Weiteren ist vorgesehen, dass die Stichprobe alle für die Untersuchung der Hypothese relevanten Merkmale und Eigenschaften der Population aufweist. Da sich dies nicht immer überprüfen lässt, reicht es in solchen Fällen aus nachzuweisen, dass sich die Stichprobe und die Population in den relevanten Merkmalen nicht insofern unterscheiden, dass dadurch das Ergebnis verzerrt werden würde (vgl. Lemmar, Gollowitzer 2018). Ein typisches Instrument der quantitativen Forschungsmethode ist die schriftliche Befragung, zu der auch die klassischen Fragebögen gezählt werden. Grundsätzlich beginnt ein Fragebogen mit den sogenannten Einleitungs-/Eröffnungsfragen. Diese Fragen müssen gut durchdacht sein, denn sie sind die „warming up" Fragen, welche das Engagement des Befragten zur Beantwortung des gesamten Fragebogens entscheiden. Diese sollten in einer interessanten oder gar ansprechenden Art und Weise formuliert und gestellt werden, dass das Interesse des Befragten geweckt wird. Sieht der Befragte sich gezwungen bereits bei der ersten Frage eine „Nein-„ oder „Trifft nicht zu"-Antwort zu geben, wird es vermutlich beim Befragten den Eindruck erwecken, dass ihn die gesamte Befragung wohl nur wenig betreffen könnte (vgl. Raithel 2008: S.75). Im Folgenden wird versucht, eine Art Spannungskurve zu errichten, bei der die Aufmerksamkeit zunächst steigt und mit zunehmender Fragedauer wieder abnimmt. Die wichtigsten Fragen, werden daher oft erst im zweiten Drittel des Fragebogens platziert. Grundsätzlich lässt sich sagen, dass die Fragenanordnung vom Allgemeinen zum Besonderen verläuft (der so genannte Fragetrichter) (vgl. Raithel 2008: S.76). Auch wird bei Fragebögen zwischen Standardisierungsgraden unterschieden: während bei einer vollstandardisierten Befragung der Ablauf der Befragung nicht gestaltbar ist, also die Anordnung, Reihenfolge und Formulierung der Fragen und Antworten fest vorgeschrieben und bei jedem Interviewpartner gleich sind, ist der Ablauf bei einer nichtstandardisierten Befragung flexibel. So enthalten vollstandardisierte Fragebögen nur wenige offenen Fragen und viele vorgegebene Antworten (beispielsweise Skalen) und nichtstandardisierte Fragebögen, dementsprechend eher nur Stichworte und vorgegebene Fragen. Ein so genannter Teil- oder halbstandardisierter Fragebogen ist folglich eine Art Mischung der beiden zuvor erklärten Methodiken.

2.3 Realisierung im Forschungsdesign

Zum Bearbeiten der Frage, ob Anschlusskommunikation ein bedeutendes Motiv zur Rezeption der Serie Haus des „Haus des Geldes -Money Heist" sei, wird in dieser schriftlichen Arbeit von der bereits erklärten „Mixed Methods" Methodik Gebrauch gemacht. Hierbei dient die qualitative Forschungsmethode in Form eines Interviews als Unterstützung für die Erstellung des Fragebogens. Aspekte und Themengebiete, die sich als wichtig entpuppen und vorerst nicht eingeplant waren, sind durch das Interview zum Vorschein gekommen. Das Interview wurde face-to-face durchgeführt, um zum einen die Gefühlslage des Interviewten genauer wahrzunehmen, aber auch um Mimik und Gestik besser deuten zu können. Nachdem der erste Fragebogen erstellt worden ist, wurde dieser gepretestet. Dabei wurde der Pretest an fünf ausgewählte Personen ausgehändigt und von ihnen bearbeitet. Während des Ausfüllens, sollten diese auf Unklarheiten bezüglich der Fragestellung oder der Antworten aufmerksam machen. Die Zielgruppe des Tests ist wie folgt definiert: Grundvoraussetzung ist, dass die Befragten Personen die Serie „Haus des Geldes" bereits rezipiert haben. Da dem Begriff „junge Erwachsene" keine klare Definition zugrunde liegt, wurde in dieser wissenschaftlichen Arbeit der „junge Erwachsene" als 18- bis 24-jährige Person definiert. Der Pretest, als auch der finale Test wurde an n=5 Personen ausgehändigt. Sowohl für das Interview als auch für den Pretest wurden bewusst Personen ausgesucht, über die einerseits bekannt war, dass sie zumindest gelegentlich Serien konsumieren und dass sie andererseits innerhalb dieser Altersspanne liegen. Ziel des Pretests ist es, mögliche Schwächen und Unklarheiten des Fragebogens ausfindig zu machen und diese letzten Endes im finalen Fragebogen zu verbessern. Dies hat den Vorteil, dass alle Informationen, die bei der Konstruktion des finalen Fragebogens genutzt wurden, von Personen gewonnen wurden, die Teil der zu untersuchenden Population sind. Somit konnte der Fragebogen für eben jene Population optimiert werden. Sowohl der Pretest, als auch die Befragung wird online, also elektronisch, durchgeführt, da die junge Zielgruppe überwiegend über das Internet erreichbar ist und es bei ihnen meist als präferiertes Medium gilt. Hinzu kommt dass der elektronische Weg im Vergleich mit dem postalen Weg mit deutlich weniger Aufwand verbunden ist, zumal die Kosten für die Erstellung der

Fragebögen ebenfalls entfallen. Bei der Befragung handelt es sich um eine teilstandardisierte, schriftlich online durchgeführte Befragung. Dabei sind sowohl die Anordnung und Reihenfolge der Fragen als auch die Antworten vorgeschrieben und sind für alle Versuchspersonen gleich. Jedoch geben manche Fragen der Versuchsperson die Möglichkeit, ihre eigenen Antworten zu formulieren, falls die Antwort, die sie geben wollen, nicht unter den Antwortmöglichkeiten aufgeführt wird.

Das gesamte methodische Vorgehen eignet sich für die Beantwortung der in der Einleitung beschriebenen Forschungsfrage, da das Erstellen eines Fragebogens viel mehr ein Prozess als eine schnelle Handlung ist. Auf Basis des qualitativen Leitfadeninterviews werden vorerst Informationen gesammelt, die für den Pretest angewendet werden können. Durch das Interview ist es möglich Gedankenanstöße zu bekommen, welche man für die Konzeption des Pretests direkt umsetzen kann. Der Pretest wiederum gibt Aufschluss darüber, ob die formulierten Fragen und Antworten geeignet und für den Befragten verständlich sowie eindeutig formuliert sind. Das Ergebnis des Pretests ist ein optimierter Fragebogen, welcher verständlich und im Idealfall wissenschaftliche Erkenntnisse mit sich bringt. Das Interview, der Pretest sowie der finale Fragebogen sind der wissenschaftlichen Arbeit als Anhang beigelegt.

3 Erkenntnisse des Pretests

Nachdem der Pretest von 5 Personen ausgefüllt worden ist, sind einige Verbesserungslücken aufgedeckt worden. Ein elementarer Hinweis wurde bereits zu Beginn der Umfrage kundgegeben: Die befragte Person wollte erfahren, ob der Test anonym sei, weshalb ich bei der finalen Umfrage diese Information gleich zu Beginn platziert habe. Ein weiterer Hinweis war, dass bei manchen Fragen nur „Haus des Geldes" geschrieben wurde aber bei anderen Fragen „Haus des Geldes – Money Heist", welches für Verwirrung sorgte. Auch das wurde im finalen Test korrigiert. Auch die demografischen Daten wurden im Pretest vorerst außer Acht gelassen und wurden mit in den finalen Test gleich zu Beginn ergänzt. Ein weiterer Gedankenanstoß, den ich jedoch durch das qualitative Interview in Frage 8 erlangt habe, ist, dass sich Menschen vielleicht ausgegrenzt fühlen, wenn sie die Serie nicht rezipiert haben. Diese Aussage wurde anschließend in eine Frage umformuliert und in den Pretest mit eingeführt.

Zusammenfassend lässt sich sagen, dass der Pretest erfolgreich verlaufen ist und einige Erkenntnisse mit sich bringen konnte, die der Interviewende vermutlich nicht auf Anhieb beachtet hätte.

Anhang 1

Anschlusskommunikation als soziales Nutzungsmotiv bei der Netflix Serie „Haus des Geldes (Money Heist)"

Mediennutzungsverhalten im Allgemeinen

Einleitung: Begrüßung, Erklärung weshalb das Interview, Ziele des Interviews und Hinweis, dass das Interview aufgezeichnet wird.

1. Serien Nutzungsverhalten im Allgemeinen	Schaust du gerne Serien? Hast du Haus des Geldes schon geschaut? *-Wann?* Hast du die komplette Serie geschaut? *-wenn nicht, welche Staffeln?* Gibt es besondere Anlässe wo du besonders gerne Serien schaust? *-Beispielsweise mit Freunden, im Urlaub, Freizeit, Klausurenphase, immer unterschiedlich*

2. Allgemeine Informationen zum Nutzungsmotiv	Wie bist du auf die Serie „Haus des Geldes (Money Heist)" gestoßen? *- Empfehlung durch Freunde, Familie, Bekannte, Werbung?* Gab es einen bestimmten Grund die Serie zu gucken? *-Freunde schauen es auch* *-gar keins* *-einfach Neugierde* Warum schaust du Haus des Geldes - Money Heist? *Beispielsweise:* *-um aus dem Alltag zu entfliehen* *-um Langeweile zu bekämpfen* *-um mit meinen Freunden darüber zu reden* *-weil es in den sozialen Medien thematisiert wird*
3. Anschlusskommunikation mit Freunden	Schauen viele deiner Freunde Haus des Geldes? Redest du mit deinen Freunden über die Serie? Triffst du dich/hast du dich mit Freunden getroffen nur um die Serie zu schauen?

Hast du die Serie schonmal jemandem empfohlen mit dem Hintergedanken dich dann mit ihm darüber auszutauschen?

Denkst du, viele schauen "Haus des Geldes", um im Thema zu sein und mitreden zu können?

Würdest du die Serie auch schauen, wenn alle deine Freunde sie gucken aber du sie nicht magst?

Anhang 2

Transkript des Leitfadeninterviews

Gesprächspartner: R.

Datum/Uhrzeit: 23.01.2021 Beginn: 10:30uhr Ende:10:35uhr

ZN	Sigle	Inhalt
1	TU	Hallo Rico, ich werde dieses Interview aufzeichnen, ich hoffe das ist in Ordnung für dich?
2	RA	Hallo Till, Ja da ist in Ordnung!
3	TU	Dieses Interview ist Bestand einer wissenschaftlichen Arbeit für mein Studiengang der
4		Medienpsychologie. Dann fangen wir einfach mal an
5		Bei dem Interview geht es um die Serie "Haus des Geldes". Beginnen wir mit der ersten
6		Frage unzwar: Schaust du gerne Serien?
7	RA	Ja, ich schaue gerne Serien
8	TU	Hast du die gesamte Serie geschaut oder nur ein paar Staffeln?
9	RA	Die gesamte Serie.
10	TU	Gibt es besondere Anlässe, wo du diese Serie schaust? Also beispielsweise im Urlaub
11		mit Freunden oder sonst was?
12	RA	Ehhm, hauptsächlich als sie neu erschienen ist.
13	TU	Wie bist du auf die Serie "Haus des Geldes gestoßen?
14	RA	Meine Freunde haben mir davon erzählt.
15	TU	Interessant, gab es einen bestimmten Grund warum du die Serie geschaut hast?
16	RA	Weil meine Freunde es auch geschaut haben und mir davon erzählt haben
17	TU	Und warum schaust du Haus des Geldes? Beispielsweise um aus dem Alltag zu entfliehen
18		oder um Langeweile zu bekämpfen , weil es in den Medien thematisiert wird
19		oder gibt es einen anderen Grund?
20	RA	Hauptsächlich um Langeweile zu bekämpfen
21	TU	Schauen viele deine Freunde Haus des Geldes bzw haben geschaut?
22	RA	Ja
23	TU	Redest du mit deinen Freunden die die Serie auch schauen/geschaut haben über die Serie?
24	RA	Ein bischen, nicht viel
25	TU	Hast du dich schonmal mit deinen Freunden getroffen, nur um die Serie zu schauen?
26	RA	Ja, das habe ich
27	TU	Hast du die Serie schonmal jemandem empfohlen, mit dem leichten Hintergrund Gedanken
28		dich im Anschluss mit der Person darüber auszutauschen?
29	RA	Nö
30	TU	Würdest du die Serie ebenfalls schauen, wenn alle deine Freunde die Serie schauen aber du sie nich
31	RA	Nein da schaue ich dann lieber andere Serien.
32	TU	Denkst du viele schauen Haus des Geldes nur um im Thema zu sein und mitreden zu können?
33	RA	Gute Frage! Ich kann natürlich nur für mich sprechen aber ich denke dass es Menschen gibt die
34		sich vielleicht ausgegrenzt fühlen wenn sie in ihrem Freundeskreis nicht mitreden können.
35	TU	Alles klar R. vielen Dank für deine Zeit!
36	RA	Vielen Dank für das Interview!

Anhang 3

Im folgenden sind die durchgeführten Pretests aufgeführt:

Testperson 1:

Befragung zur Netflix Serie Haus des Geldes (Money Heist)

Schaust du gerne Serien?

- ( ) Ja ich schaue liebend gern Serien
- (●) Ab und zu mal
- ( ) Eher selten
- ( ) Nie

Welche Staffeln von Haus des Geldes hast du schon geschaut?

1-3

Gibt es besondere Anlässe wo du besonders gerne Serien schaust?

- ( ) im Urlaub
- ( ) mit Freunden
- ( ) in meiner Freizeit
- ( ) in der Klausurenphase
- ( ) wenn eine Serie neu erschienen ist
- (●) immer unterschiedlich
- ( ) Sonstiges:

Schauen viele deiner Freunde Haus des Geldes?

◯ Ja, fast alle

◯ Nur so 1-2 Freunde

◉ So ungefähr 3-4 Freunde

◯ mehr als 5 meiner Freunde

◯ Nein, keiner

◯ Sonstiges: ....

Redest du mit deinen Freunden über die Serie?

◯ Ja, Serien bilden einen Großteil unserer Gesprächsthemen ab

◯ Gelegentlich, also nicht bei jedem Treffen

◉ Nie

Triffst du dich/hast du dich mit Freunden getroffen nur um die Serie zu schauen?

◯ Ja, sehr oft (mind. 3x im Monat)

◯ Naja, so circa ein bis zweimal im Monat

◯ weniger als einmal im Monat

◉ nie

◯ Sonstiges: ....

Hast du die Serie schonmal jemandem empfohlen mit dem Hintergedanken dich dann mit ihm darüber auszutauschen?

◉ Nein, noch nie

◯ 1-2 mal

◯ mehr als 2 Mal

Wie bist du auf die Serie „Haus des Geldes (Money Heist)" gestoßen?

- ◯ Werbung auf social Media
- ◉ Empfehlung von Freunden
- ◯ Familie
- ◯ Bekannte
- ◯ Sonstiges: ....

Gab es einen bestimmten Grund die Serie zu gucken?

- ◯ meine Freunde schauen es ebenfalls
- ◯ eigentlich nur Neugierde
- ◉ Um zu wissen worüber alle reden
- ◯ Sonstiges: ....

Warum schaust du Haus des Geldes - Money Heist?

- ◯ um aus dem Alltag zu entfliehen
- ◉ um Langeweile zu bekämpfen
- ◯ um mit meinen Freunden darüber zu reden
- ◯ weil es in den sozialen Medien thematisiert wird
- ◯ Sonstiges: ....

Denkst du, Menschen in deinem sozialen Umfeld schauen "Haus des Geldes", um im Thema zu sein und mitreden zu können?

○ Ja, aufjedenfall

○ eher weniger

◉ Nein, das glaube ich überhaupt nicht

○ Sonstiges: ....

Würdest du die Serie auch schauen, wenn alle deine Freunde sie gucken aber du sie nicht magst?

○ Nein, niemals

○ Ja, sonst kann ich ja nicht mitreden

○ Sonstiges: ....

Fühlst du dich ausgegrenzt wenn alle deine Freunde über eine Serie sprechen, aber du nicht mitreden kannst?

○ ja definitiv, deswegen schaue ich Serien immer wenn meine Freunde mir davon erzählen

○ Nein

◉ eher weniger

Testperson 2:

Schaust du gerne Serien?

○ Ja ich schaue liebend gern Serien

◉ Ab und zu mal

○ Eher selten

○ Nie

Welche Staffeln von Haus des Geldes hast du schon geschaut?

1. ....

Gibt es besondere Anlässe wo du besonders gerne Serien schaust?

○ im Urlaub

○ mit Freunden

○ in meiner Freizeit

○ in der Klausurenphase

○ wenn eine Serie neu erschienen ist

◉ immer unterschiedlich

○ Sonstiges: ....

Wie bist du auf die Serie „Haus des Geldes (Money Heist)" gestoßen?

○ Werbung auf social Media

◉ Empfehlung von Freunden

○ Familie

○ Bekannte

○ Sonstiges: ....

Gab es einen bestimmten Grund die Serie zu gucken?

○ meine Freunde schauen es ebenfalls

◉ eigentlich nur Neugierde

○ Um zu wissen worüber alle reden

○ Sonstiges: ....

Warum schaust du Haus des Geldes - Money Heist?

○ um aus dem Alltag zu entfliehen

◉ um Langeweile zu bekämpfen

○ um mit meinen Freunden darüber zu reden

○ weil es in den sozialen Medien thematisiert wird

○ Sonstiges: ....

Schauen viele deiner Freunde Haus des Geldes?

○ Ja, fast alle

○ Nur so 1-2 Freunde

○ So ungefähr 3-4 Freunde

◉ mehr als 5 meiner Freunde

○ Nein, keiner

○ Sonstiges: ....

Redest du mit deinen Freunden über die Serie?

○ Ja, Serien bilden einen Großteil unserer Gesprächsthemen ab

◉ Gelegentlich, also nicht bei jedem Treffen

○ Nie

Triffst du dich/hast du dich mit Freunden getroffen nur um die Serie zu schauen?

- ⚪ Ja, sehr oft (mind. 3x im Monat)
- ⚪ Naja, so circa ein bis zweimal im Monat
- ⚪ weniger als einmal im Monat
- 🔘 nie
- ⚪ Sonstiges: ....

Hast du die Serie schonmal jemandem empfohlen mit dem Hintergedanken dich dann mit ihm darüber auszutauschen?

- 🔘 Nein, noch nie
- ⚪ 1-2 mal
- ⚪ mehr als 2 Mal

Denkst du, Menschen in deinem sozialen Umfeld schauen "Haus des Geldes", um im Thema zu sein und mitreden zu können?

- ⚪ Ja, aufjedenfall
- 🔘 eher weniger
- ⚪ Nein, das glaube ich überhaupt nicht
- ⚪ Sonstiges: ....

Würdest du die Serie auch schauen, wenn alle deine Freunde sie gucken aber du sie nicht magst?

- 🔘 Nein, niemals
- ⚪ Ja, sonst kann ich ja nicht mitreden
- ⚪ Sonstiges: ....

Fühlst du dich ausgegrenzt wenn alle deine Freunde über eine Serie sprechen, aber du nicht mitreden kannst?

○ ja definitiv, deswegen schaue ich Serien immer wenn meine Freunde mir davon erzählen

◉ Nein

○ eher weniger

Testperson 3

Schaust du gerne Serien?

- ○ Ja ich schaue liebend gern Serien
- ◉ Ab und zu mal
- ○ Eher selten
- ○ Nie

Welche Staffeln von Haus des Geldes hast du schon geschaut?

Alle

Gibt es besondere Anlässe wo du besonders gerne Serien schaust?

- ○ im Urlaub
- ○ mit Freunden
- ○ in meiner Freizeit
- ○ in der Klausurenphase
- ○ wenn eine Serie neu erschienen ist
- ◉ immer unterschiedlich
- ○ Sonstiges: ....

Wie bist du auf die Serie „Haus des Geldes (Money Heist)" gestoßen?

- ○ Werbung auf social Media
- ◉ Empfehlung von Freunden
- ○ Familie
- ○ Bekannte
- ○ Sonstiges: ....

Gab es einen bestimmten Grund die Serie zu gucken?

- ○ meine Freunde schauen es ebenfalls
- ⊙ eigentlich nur Neugierde
- ○ Um zu wissen worüber alle reden
- ○ Sonstiges: ....

Warum schaust du Haus des Geldes - Money Heist?

- ○ um aus dem Alltag zu entfliehen
- ⊙ um Langeweile zu bekämpfen
- ○ um mit meinen Freunden darüber zu reden
- ○ weil es in den sozialen Medien thematisiert wird
- ○ Sonstiges: ....

Schauen viele deiner Freunde Haus des Geldes?

- ○ Ja, fast alle
- ○ Nur so 1-2 Freunde
- ○ So ungefähr 3-4 Freunde
- ⊙ mehr als 5 meiner Freunde
- ○ Nein, keiner
- ○ Sonstiges: ....

Redest du mit deinen Freunden über die Serie?

- ○ Ja, Serien bilden einen Großteil unserer Gesprächsthemen ab
- ○ Gelegentlich, also nicht bei jedem Treffen
- ⊙ Nie

Triffst du dich/hast du dich mit Freunden getroffen nur um die Serie zu schauen?

○ Ja, sehr oft (mind. 3x im Monat)

○ Naja, so circa ein bis zweimal im Monat

○ weniger als einmal im Monat

◉ nie

○ Sonstiges: ....

Hast du die Serie schonmal jemandem empfohlen mit dem Hintergedanken dich dann mit ihm darüber auszutauschen?

◉ Nein, noch nie

○ 1-2 mal

○ mehr als 2 Mal

Denkst du, Menschen in deinem sozialen Umfeld schauen "Haus des Geldes", um im Thema zu sein und mitreden zu können?

○ Ja, aufjedenfall

◉ eher weniger

○ Nein, das glaube ich überhaupt nicht

○ Sonstiges: ....

Würdest du die Serie auch schauen, wenn alle deine Freunde sie gucken aber du sie nicht magst?

◉ Nein, niemals

○ Ja, sonst kann ich ja nicht mitreden

○ Sonstiges: ....

Fühlst du dich ausgegrenzt wenn alle deine Freunde über eine Serie sprechen, aber du nicht mitreden kannst?

○ ja definitiv, deswegen schaue ich Serien immer wenn meine Freunde mir davon erzählen

○ Nein

◉ eher weniger

Gesendet: 23.01.21, 16:33

Testperson 4

Schaust du gerne Serien?

○ Ja ich schaue liebend gern Serien

◉ Ab und zu mal

○ Eher selten

○ Nie

Welche Staffeln von Haus des Geldes hast du schon geschaut?

Alle

Gibt es besondere Anlässe wo du besonders gerne Serien schaust?

○ im Urlaub

○ mit Freunden

○ in meiner Freizeit

○ in der Klausurenphase

○ wenn eine Serie neu erschienen ist

◉ immer unterschiedlich

○ Sonstiges:

Wie bist du auf die Serie „Haus des Geldes (Money Heist)" gestoßen?

○ Werbung auf social Media

◉ Empfehlung von Freunden

○ Familie

○ Bekannte

○ Sonstiges:

Gab es einen bestimmten Grund die Serie zu gucken?

○ meine Freunde schauen es ebenfalls

○ eigentlich nur Neugierde

○ Um zu wissen worüber alle reden

◉ Sonstiges: Gute Unterhaltung

Warum schaust du Haus des Geldes - Money Heist?

○ um aus dem Alltag zu entfliehen

○ um Langeweile zu bekämpfen

○ um mit meinen Freunden darüber zu reden

○ weil es in den sozialen Medien thematisiert wird

◉ Sonstiges: Gute Unterhaltung

Schauen viele deiner Freunde Haus des Geldes?

○ Ja, fast alle

○ Nur so 1-2 Freunde

○ So ungefähr 3-4 Freunde

○ mehr als 5 meiner Freunde

○ Nein, keiner

◉ Sonstiges: Viele

Redest du mit deinen Freunden über die Serie?

○ Ja, Serien bilden einen Großteil unserer Gesprächsthemen ab

◉ Gelegentlich, also nicht bei jedem Treffen

○ Nie

Triffst du dich/hast du dich mit Freunden getroffen nur um die Serie zu schauen?

○ Ja, sehr oft (mind. 3x im Monat)

○ Naja, so circa ein bis zweimal im Monat

○ weniger als einmal im Monat

◉ nie

○ Sonstiges: _____

Hast du die Serie schonmal jemandem empfohlen mit dem Hintergedanken dich dann mit ihm darüber auszutauschen?

○ Nein, noch nie

◉ 1-2 mal

○ mehr als 2 Mal

Denkst du, Menschen in deinem sozialen Umfeld schauen "Haus des Geldes", um im Thema zu sein und mitreden zu können?

○ Ja, aufjedenfall

◉ eher weniger

○ Nein, das glaube ich überhaupt nicht

○ Sonstiges: _____

Würdest du die Serie auch schauen, wenn alle deine Freunde sie gucken aber du sie nicht magst?

◉ Nein, niemals

○ Ja, sonst kann ich ja nicht mitreden

○ Sonstiges: _____

Fühlst du dich ausgegrenzt wenn alle deine Freunde über eine Serie sprechen, aber du nicht mitreden kannst?

◯ ja definitiv, deswegen schaue ich Serien immer wenn meine Freunde mir davon erzählen

◯ Nein

◉ eher weniger

Testperson 5

Schaust du gerne Serien?

- ○ Ja ich schaue liebend gern Serien
- ● Ab und zu mal
- ○ Eher selten
- ○ Nie

Welche Staffeln von Haus des Geldes hast du schon geschaut?

1-2

Gibt es besondere Anlässe wo du besonders gerne Serien schaust?

- ○ im Urlaub
- ● mit Freunden
- ○ in meiner Freizeit
- ○ in der Klausurenphase
- ○ wenn eine Serie neu erschienen ist
- ○ immer unterschiedlich
- ○ Sonstiges:

Wie bist du auf die Serie „Haus des Geldes (Money Heist)" gestoßen?

- ○ Werbung auf social Media
- ● Empfehlung von Freunden
- ○ Familie
- ○ Bekannte
- ○ Sonstiges:

Gab es einen bestimmten Grund die Serie zu gucken?

○ meine Freunde schauen es ebenfalls

○ eigentlich nur Neugierde

◉ Um zu wissen worüber alle reden

○ Sonstiges: ....

Warum schaust du Haus des Geldes - Money Heist?

○ um aus dem Alltag zu entfliehen

◉ um Langeweile zu bekämpfen

○ um mit meinen Freunden darüber zu reden

○ weil es in den sozialen Medien thematisiert wird

○ Sonstiges: ....

Schauen viele deiner Freunde Haus des Geldes?

○ Ja, fast alle

○ Nur so 1-2 Freunde

◉ So ungefähr 3-4 Freunde

○ mehr als 5 meiner Freunde

○ Nein, keiner

○ Sonstiges: ....

Redest du mit deinen Freunden über die Serie?

○ Ja, Serien bilden einen Großteil unserer Gesprächsthemen ab

◉ Gelegentlich, also nicht bei jedem Treffen

○ Nie

Triffst du dich/hast du dich mit Freunden getroffen nur um die Serie zu schauen?

- ( ) Ja, sehr oft (mind. 3x im Monat)
- ( ) Naja, so circa ein bis zweimal im Monat
- ( ) weniger als einmal im Monat
- (●) nie
- ( ) Sonstiges: ....

Hast du die Serie schonmal jemandem empfohlen mit dem Hintergedanken dich dann mit ihm darüber auszutauschen?

- (●) Nein, noch nie
- ( ) 1-2 mal
- ( ) mehr als 2 Mal

Denkst du, Menschen in deinem sozialen Umfeld schauen "Haus des Geldes", um im Thema zu sein und mitreden zu können?

- ( ) Ja, aufjedenfall
- (●) eher weniger
- ( ) Nein, das glaube ich überhaupt nicht
- ( ) Sonstiges: ....

Würdest du die Serie auch schauen, wenn alle deine Freunde sie gucken aber du sie nicht magst?

- (●) Nein, niemals
- ( ) Ja, sonst kann ich ja nicht mitreden
- ( ) Sonstiges: ....

Fühlst du dich ausgegrenzt wenn alle deine Freunde über eine Serie sprechen, aber du nicht mitreden kannst?

○ ja definitiv, deswegen schaue ich Serien immer wenn meine Freunde mir davon erzählen

○ Nein

◉ eher weniger

Anhang 4

Der mithilfe des Pretests optimierte Fragebogen

Befragung zur Netflix Serie Haus des Geldes (Money Heist)

Alle Daten werden absolut anonym behandelt. Eine Zuordnung Ihrer Antworten zu Ihrer Person ist nicht möglich und auch nicht beabsichtigt.

Bitte gib dein Geschlecht an

○ Männlich

○ Weiblich

○ Divers

Schaust du gerne Serien?

○ Ja ich schaue liebend gern Serien

○ Ab und zu mal

○ Eher selten

○ Nie

Welche Staffeln von "Haus des Geldes" hast du schon geschaut?

Kurzantwort-Text

Gibt es besondere Anlässe wo du besonders gerne Serien schaust?

○ im Urlaub

○ mit Freunden

○ in meiner Freizeit

○ in der Klausurenphase

○ wenn eine Serie neu erschienen ist

○ immer unterschiedlich

○ Weitere...

Wie bist du auf die Serie „Haus des Geldes" gestoßen?

○ Werbung auf social Media

○ Empfehlung von Freunden

○ Familie

○ Bekannte

○ Weitere...

Gab es einen bestimmten Grund die Serie zu gucken?

○ meine Freunde schauen es ebenfalls

○ eigentlich nur Neugierde

○ Um zu wissen worüber alle reden

○ Weitere...

Warum schaust du "Haus des Geldes?"

○ um aus dem Alltag zu entfliehen

○ um Langeweile zu bekämpfen

○ um mit meinen Freunden darüber zu reden

○ weil es in den sozialen Medien thematisiert wird

○ Weitere...

Schauen viele deiner Freunde "Haus des Geldes"?

○ Ja, fast alle

○ Nur so 1-2 Freunde

○ So ungefähr 3-4 Freunde

○ mehr als 5 meiner Freunde

○ Nein, keiner

○ Weitere...

Redest du mit deinen Freunden über die Serie?

○ Ja, Serien bilden einen Großteil unserer Gesprächsthemen ab

○ Gelegentlich, also nicht bei jedem Treffen

○ Nie

Triffst du dich/hast du dich mit Freunden getroffen nur um die Serie zu schauen?

- ◯ Ja, sehr oft (mind. 3x im Monat)
- ◯ Naja, so circa ein bis zweimal im Monat
- ◯ weniger als einmal im Monat
- ◯ nie
- ◯ Weitere...

Hast du die Serie schonmal jemandem empfohlen mit dem Hintergedanken dich dann mit ihm darüber auszutauschen?

- ◯ Nein, noch nie
- ◯ 1-2 mal
- ◯ mehr als 2 Mal

Denkst du, Menschen in deinem sozialen Umfeld schauen "Haus des Geldes", um im Thema zu sein und mitreden zu können?

- ◯ Ja, aufjedenfall
- ◯ eher weniger
- ◯ Nein, das glaube ich überhaupt nicht
- ◯ Weitere...

Würdest du die Serie auch schauen, wenn alle deine Freunde sie gucken aber du sie nicht magst?

- ◯ Nein, niemals
- ◯ Ja, sonst kann ich ja nicht mitreden
- ◯ Weitere...

Fühlst du dich ausgegrenzt wenn alle deine Freunde über eine Serie sprechen, aber du nicht mitreden kannst?

○ ja definitiv, deswegen schaue ich Serien immer wenn meine Freunde mir davon erzählen

○ Nein

○ eher weniger

4 Literaturverzeichnis

Dresing, P. (2020). *Praxisbuch INTERVIEW , TRANSKRIPTION & ANALYSE* .

Kelle, U. (2019). *Mixed Methods.*

Lemmer G., G. M. (2018). *Quantitative Forschung.*

Mayring, P. (2003). *Qualitative Inhaltsanalyse.*

Raithel, J. (2018). *Quantitative Forschung.*